Chansons  Grises

IL A ÉTÉ TIRÉ DE CET OUVRAGE :

250 exemplaires sur hollande
  4   —     sur chine
  4   —     sur japon impérial.

ANDRÉ  LEBEY

—

# Chansons Grises

PARIS

ÉDITION DV MERCVRE DE FRANCE

XV, RVE DE L'ÉCHAVDÉ-SAINT-GERMAIN, XV

—

M DCCC XCVI

A

JEAN DE TINAN

Aus meinen grossen Schmerzen
Mach' ich die kleinen Lieder.

HEINRICH HEINE.

La chimère a volé vers les lointains d'azur,
Et j'ai réglé mon vol d'après son envergure,
Tenace à me traîner, fugitif, derrière elle,
Par l'espérance enfin de sentir mes deux ailes
Plus vastes et mon âme hautaine et solitaire,
Dédaigneuse des fruits que mûrissait la terre,
Demeurer calme le long des routes de vie,
Forte dans sa sagesse et sa mélancolie ;
Mais le vol que j'avais cru longtemps invincible
Aux flèches des archers servit un jour de cible,
Et, tandis que, les yeux tournés vers l'orient,
Je regardais sous moi le mirage éclatant
Des dômes cuivrés d'or qui dominaient les villes,
Je sentis l'air vibrer dans la nue immobile,
Puis tout à coup l'oiseau m'entourer de ses ailes
Et, blessé, tournoyant avec un dernier cri,
Loin de l'azur perdu vers l'ici-bas cruel,
Dans sa chute et sa mort m'entraîner avec lui.

Une voix chante dans nos cœurs
Tous les refrains de nos désirs,
Désirs d'amour et de bonheur...
— Une autre dit nos souvenirs,
Souvenirs d'attente et de pleurs.

Les voyageurs qui sont passés
Étaient mornes et fatigués.

La brise emporte la chanson
Où s'alanguissaient nos tendresses
Pour celle-là que nous voulions...
— Le vent rapporte des tristesses
Et n'y mêle plus de chansons.

Dans le parc sombre et déserté,
L'enfant Amour est renversé.

Tout est donc vide et n'est-il rien
Le long des routes monotones,
Rien à cueillir ou désirer ?...
— Et l'écho du val qui résonne :
Rien à cueillir ou désirer.

Les voyageurs qui sont passés
Étaient mornes et fatigués.

*CHANSONS MALADES*

# I

Las des autres et de moi-même,
Las de toujours lire ou penser,
Las de tout, même de ce que j'aime,
Je crie au ciel : « Ayez pitié ! »

Ayez pitié du pauvre malade,
Enfant d'un siècle fatigué ;
Pardonnez-lui, le temps est fade,
On ne sait plus que des risées ;

J'ai trop tendu mes faibles bras
Vers un royaume insaisissable,
Pas un écho, pas une voix,
Pas une trace sur le sable.

Où donc partir ? Où donc aller
Pour entrevoir l'antique étoile
Au ciel encore une fois briller
Devant nos yeux couverts de voiles ?

Où découvrir les certitudes ?
La mer submerge les rochers,
Le sable encombre les vastitudes
Où toute tour s'est écroulée.

Et dans mes songes j'aperçois
Un catafalque mortuaire
Où mon pauvre rêve solitaire
Est enfermé mort de froid.

## II

Puisque plus rien n'est demeuré
De ce qu'adoraient nos cœurs moins las,
Ne cherchons pas d'autres clartés,
D'autres cloches, ni d'autres glas.

Ce sera l'éternel ennui
Tout le long des jours monotones,
Et l'appel du masque qui rit
En prétendant l'heure encor bonne.

Nul remède à nos maladies :
La douleur fut notre nourrice
Dès que nous crûmes aux paradis
Préparés par la Béatrice.

Le temps s'écoule, le temps s'enfuit;
C'est le même soleil, c'est la même lune,
La même aurore et la même nuit,
Et le même crêpe à notre infortune.

III


Oh ! ces orgues de barbarie
En hiver le long des rues
Avec les faces amaigries
De tous les souffrants inconnus !

Oh ! ces vieux refrains revenus
On ne sait pourquoi parmi la vie,
Choses d'enfance ressouvenues,
Laides et belles au gré de la vie.

Oh ! ces nerfs qui sont tendus
Tandis que les airs ne sont jamais finis,
Et tournent, rauques, le long des rues
Comme une danse de mélancolies !

Elle tourne, elle tourne la manivelle,
Et fait qu'on pleure et fait qu'on rit...
— Valse des roses pour les demoiselles —
Oh ! ces orgues de barbarie !

# IV

Mélancolie ! Mélancolie !
Ton manteau noir est ridicule,
Nous voudrions une autre vie
Loin de l'ombre et du crépuscule.

Mais le soleil est si brutal,
Les rues sont si pleines de bruit,
Le monde est devenu si banal !...
Cela sera-t-il bientôt fini ?

L'avenir s'éloigne, le passé recule ;
Nous attendons sans espérer
Que devant nous un astre brûle,
Mais l'astre meurt aussitôt né.

Et c'est l'horizon immobile
Où pas même un oiseau ne fuit
Vers les mirages inutiles
Que nous créons dans l'infini.

# V


Ah ! nos génies ! Ah ! nos génies !
La mer fut sombre où ils voguèrent ;
Leurs lauriers d'or se sont flétris,
Des voiles de brume les ont recouverts.

Sortir ? Sortir ? Mais où aller ?
Qui comprendra nos désespoirs ?
Nous n'avons pas de bien-aimées
Pour faire fleurir d'autres espoirs.

La vie a tué l'amour un soir
Qu'il appela nos destinées
Et nous laissa dans un bois noir
Pleurer nos âmes dédaignées.

A tous les vents ses flèches jetées
Se sont fichées en d'autres terres ;
Son carquois sert à jouer aux dés :
A qui perd gagne ! — On gagne, on perd !

# VI

Ah ! la folie ! Ah ! la folie !
Entends-tu dans ton cerveau,
Don Quichotte d'infini,
Tinter son hochet à grelots ?

Quand sera-t-elle enfin finie
La farce du pauvre univers ?
Qu'il blasphème ou bien qu'il prie,
Les cieux n'en sont pas plus ouverts.

Tombez ! Tombez brouillards et pluies !
Fermons les portes de nos chambres,
Et dans moi-même tombez aussi
Averses de brumes, chutes de cendres.

Comme le vaisseau démâté
Qui s'abandonne à la tourmente,
En attendant quelque mort lente
Je laisse ma vie s'achever.

# VII

La chair est belle quoiqu'ils en disent ;
Dénoue tes cheveux, ne parle pas ;
Je doute de tout, mon âme est grise,
Ou si tu parles, parle bas.

Puisque c'est seul qu'il me faut vivre,
Remplace celle qui ne vient pas ;
Ta chair est douce, ta chair délivre...
A quand l'amour en d'autres bras ?

N'importe ! Il faut aimer ces choses.
Sais-tu de fortes voluptés ?
Je n'ai que faire de l'âme des roses
Et veux un monde en ton baiser.

Serre bien fort ; l'alcôve est sûre.
Que la vie gronde loin de nous !
Fais ton métier, fille d'aventure ;
La nuit est bonne à mes dégoûts.

# VIII

Tout est si terne, tout est si gris,
Que c'est vers toi, toujours encor
Que nous revenons, vendeuse d'oubli,
Consolatrice avant la mort.

Bien que ta bouche et tes yeux mentent,
Ne sois pas pour moi sans tendresse,
Qu'à travers toi je voie l'absente
De loin sourire à ma détresse.

Mon cœur m'est trop lourd à garder,
Je te sais bonne hospitalière ;
D'autres déjà te l'ont donné ;
Peut-être suis-je plus sincère.

.....Ensevelir ma vie dans les plis de sa robe
Sans rien entendre ni rien écouter
Que le bruit des heures qu'on dérobe
Au néant de l'éternité !

## IX


Regards d'aurore, sanglots râlés,
Sueur des joues, écume des lèvres,
Et lassitudes désespérées
Après les minutes trop brèves.

Dormir longtemps... Ah ! toi seul donne
Un peu d'ivresse, prostituée,
Je ne veux plus croire à la madone
Que petit enfant j'ai tant priée.

Laisse-moi rêver sur ta poitrine,
Mets tes mains fraîches sur mon front las,
Donne-moi l'oubli des formes divines
Et des chemins bleus où butent les pas ;

Donne-moi l'oubli, car rien n'est bon
Qu'user le temps auprès de toi,
Perdu dans le vide sans fond
Où plongent ceux qui furent des rois.

## X


Rois des domaines abolis
Où nulle honte n'enténèbre
Les âmes fières de la folie
Où se détend enfin leur fièvre.

Les âmes fières qui se lient,
Par le malheur de leur destin,
Le long des jours où pleure ou rit
Le Dieu qui sur elles pose la main.

Le long des jours où pleure ou rit
La voix si douce du refrain
Dont l'écho jette vers leur envie
La chanson d'or des rêves lointains.

Que la mort vienne vite après ;
Vidons la coupe sans la lie...
Rien n'est faux, et rien n'est vrai
Que ce qui berce un peu la vie.

# XI

Vivre entre leurs bras infinis
Sur les corps tièdes qu'on enlace,
Sans s'inquiéter si c'est la nuit
Ou si la nuit suit le jour qui passe.

Vivre et mourir tout grisé de fleurs,
Dans des parcs aux murailles hautes,
Sentant les âmes qui s'effleurent
Sous l'ardeur des haleines chaudes.

Eau fraîche jaillie parmi l'ombre !
Suivre le flot de la mer qui monte
Toujours plus forte et s'y confondre
Sans peur des gouffres qu'on affronte...

Lorsque la nuit suit le jour qui passe,
Sans s'inquiéter si c'est la nuit,
Sur les corps lassés qu'on enlace
Croyant étreindre l'infini.

## XII


Mais tout est vain, ce n'est pas l'oubli ;
L'image est là qui m'épouvante,
Et c'est à jamais dans ma nuit
La face d'aurore de l'absente.


En quel pays ? En quel pays ?
Par quels déserts et par quelles sentes ?
N'éclaireras-tu pas ma vie ?
Faut-il encor que l'espoir chante ?


Trop longue et lourde fut l'attente ;
Ne serais-tu qu'au paradis ?
Ah ! l'amour faux de toutes ces passantes,
Ombres menteuses de ce qu'on envie !


Et songer qu'on devrait voiler
Sous le deuil d'un crêpe éternel
L'image de rêve tant espérée
Pour vivre enfin dans un peu de ciel !

*MANDOLINES A LA PASSANTE.*

I

Ton amour qui s'approche de ma route aride
S'en vient trop tard hélas ! pour que je m'y abandonne,
Et les vœux oubliés que ton sourire couronne
Sont morts depuis longtemps d'être restés sans guide.

Il y a trop de fleurs cueillies en parfums dans le vent
Le long des jours et le long des années,
Toutes à jamais effeuillées,
Et trop d'autres aussi naissent dans le printemps.

A quoi bon ? A quoi bon puisque nul n'est heureux,
Et que mes lèvres un jour devront quitter les tiennes ?
Laissons l'amour chanter tout bas son humble antienne
Loin de nos cœurs défiants à la fois jeunes et vieux.

Nous n'aurons point ainsi l'amertume des pleurs
Ni des adieux trop longs qu'attriste encor l'ennui ;
Et nos âmes hélas ! où ne se reflète que la nuit,
S'écarteront sans regret d'un inutile bonheur.

## II


J'aurais voulu d'autres chansons
Pour endormir ton âme tendre,
Mais mon cœur est un amas de cendre
Que n'illuminent nuls tisons.

J'aurais voulu d'autres décors
Et des jardins plus merveilleux.
— J'ai perdu la clef des trésors
Et des palais miraculeux.

J'aurais voulu tout mon passé
D'âme légère et sans douleurs...
Est-il un temps pour le bonheur ?
Peut-on revivre moins lassé ?

Ah ! prends mon cœur dans tes mains douces !
Songe à l'oiseau partout chassé
Qui cherche un nid parmi les mousses
Où fuir ceux-là qui l'ont blessé.

## III

Je sais des extases sanglotantes
Où nos deux cœurs s'énerveront
Dans l'extase des grands frissons
Prolongés par la longue attente.

Je sais des rythmes et des sons
Où bercer toute rêverie
Au fond de vagues nostalgies,
Loin des regrets dont nous souffrons.

Je sais des parcs tout de féerie,
Sans porte pour les étrangers ;
Nous y resterons nous aimer
Dans une seule et même vie.

IV


Partout dans l'air de longs crêpes noirs
Pour on ne sait quel enterrement.
Est-ce pour l'amour ? Est-ce pour l'espoir ?
— On dit qu'il y a des cœurs souffrants...

Au fond des tombes aux jaspes noirs
Te retrouverai-je, ô apparue ?
Est-ce de l'amour ? Est-ce de l'espoir ?
— On dit qu'il y a des âmes nues...

Ma barque s'égare en la nuit noire
Sur la mer forte qui nous sépare.
C'est bien l'amour ! Ce n'est pas l'espoir !
— On dit que nos cœurs sont deux grands phares...

C'est ma chanson qui pleure ce soir.
Te reverrai-je, ô apparue ?
Hélas ! c'est l'amour ; hélas ! sans l'espoir !...
— On dit que nos âmes se sont perdues.

# V

Tes yeux sont grands,
Ton teint est pâle.
— Dis-moi, enfant,
Des choses nuageuses comme des lueurs d'opale.

Tes yeux sont grands,
Tes mains sont belles.
— Chante-moi l'antan
En ritournelles.

Tes yeux sont grands,
Ta chair est lasse.
— Aime tant et tant
Que le temps passe.

Tes yeux sont grands,
Les étoiles loin.
— Écoute le vent,
Et jettes-y tes rires et tes refrains.

# VI

La lune glisse sous les bois
Sa pâleur douce et opaline.
Écoutes-tu toutes les voix
Monter du fond de toutes les ravines ?

Sois silencieuse ; écoute ! écoute !
Une flûte prélude au fond du bois.
Je rêve de formes sur la route
Faisant revivre l'autrefois.

Entends-tu tout près de nous rire
Et, te regardant sans que tu le voies,
Cornes au front, un petit satyre
Chanter la vie et toutes ses joies ?

Oublierons-nous que l'heure est brève
Et que l'aurore reviendra ?
Les fleurs de nuit versent un rêve,
Mais le soleil les refermera.

# VII

Sois le passé
Des voluptés,

La Salomé
De mes baisers,

Dis-moi l'amour
Des troubadours,

Dans la folie
Des morts inouïes,

Les mots si bas
Qu'on n'entend pas,

Et les ennuis
Tous évanouis ;

Dis-moi les fleurs
Que tu effleures,

Encor, encor
Vers d'autres bords,

Toujours, toujours
Vers d'autres tours,

Là-bas, là-bas
Vers le trépas,

Parmi l'aurore
Aux gerbes d'or,

Parmi les jours
Aux silences lourds,

Parmi les nuits
Aux longs minuits,

Sois la voilée
Des mers rêvées,

Sois le passé
Des voluptés !

## VIII


La nuit s'oublie
Avec ma vie
Et la tienne aussi...

L'étoile voile
Une autre étoile
Et d'autres voiles...

Le nuage nage
Vers les grandes plages
D'un très vieil âge...

Je voudrais vivre
Toujours plus ivre,
Tu me délivres...

L'eau est profonde
Et c'est sous l'onde
La terre blonde...

Viens dans la nuit,
Viens par ici,
Viens où l'on prie...

Pour que j'oublie
Ma pauvre vie
Et la tienne aussi.

# IX

Nous vivrons la vie monotone des campagnes
Dans les landes où tout bruit se sera tu ;
Ce sera là-bas sur la terre de Bretagne
Où la solitude est grave. — Veux-tu ?

Au coin des routes des vierges de pierre
Sourient aux voyageurs fatigués,
Pâles et tristes sous la poussière
Que leurs pas lourds ont soulevée.

Des souvenirs d'époque morte
Reculent le temps d'aujourd'hui ;
C'est là qu'on lit sur les portes
Des devises en patois du pays.

Nous rêverons aux processions
Et dans la fraîcheur des chapelles
Le pèlerinage du bon pardon
Nous apprendra des joies nouvelles.

Vie de rêve et de paresse
Dans l'oubli bleu des jours anciens,
Que ta caresse et ta tendresse
Comme des coups d'ailes chassent au loin.

# X

La rivière luit dans les prés
Le long des arbres qui s'y mirent :
Écoute là-bas tous nos souvenirs
Frémir comme la brise dans la feuillée.

Le battement clair des battoirs
Sur les linges alourdis d'eau
Rythme les chansons douces d'espoir
Que mon cœur tout bas dit en écho ;

Et les trilles longs des oiseaux
Mettent un son de flûte claire
Dans l'hymne qui s'envole là-haut
A travers le vague de l'air.

Restons longtemps ici, — veux-tu ? —
Jusqu'aux derniers vents froids d'hiver,
Dans le plaisir vrai par nous élu
Que bercent au loin les lavandières ?

# XI

La neige recouvre la plaine,
Les sentiers nous sont défendus.
Pourquoi faut-il qu'on se souvienne
De tous les bonheurs disparus ?

Plus de ruisseaux ni de fontaines !
Nous resterons dans le manoir
A regarder des ombres vaines
Danser sur un fond rose et noir.

Ombres vaines de nos joies
Comme de pâles tapisseries,
Pourquoi rechercher l'autrefois
Et croire qu'il est d'autres vies ?

L'été n'est plus qui fut si beau,
Les fleurs sont fanées qu'on cueillit.
Que de pétales au fil de l'eau !
Que de tombes dans ma vie !

Chante-moi de lentes ballades
Comme on en sait au delà du Rhin,
Et berce mon cœur de malade
Dans un songe de clavecin.



5

## XII


Notre amour était de ceux qui meurent
Parce qu'on les épuise trop vite ;
Nous n'avons pas su vivre notre bonheur.


Nous nous sommes beaucoup trop aimés
Et nous n'avons pas su nous attendrir ensuite ;
Tout notre avenir est déjà fané.


Mais ton souvenir chaud à mon cœur
Fait la chambre si vide et triste
Que sans courage j'attends et pleure.


Entendrai-je encore ta voix lassée
Un soir ici m'appeler vite ?...
Mais nous nous sommes déjà revus et nous sommes passés !

## XIII


Ton image encor
Flotte dans la chambre...
Oh ! ce vent de novembre
Qui siffle dehors !

Reviendras-tu pas
Craintive et plus tendre ?
Je ne peux me défendre
Tout seul et si las,

Les voix sont si tristes
Qu'il me faut entendre,
Voix d'un passé de cendre
Qui pleure et s'attriste...

Ton image encor
Flotte dans la chambre.
Oh ! le vent de novembre
Qui siffle dehors !

XIIII


Je tresserai nos heures en couronnes
Pour en fleurir l'ombrage des années ;
Ce seront à ton mur les vieux trophées
Des heures passées moins monotones.

Je tresserai nos rêves en couronnes
Pour en enguirlander ton cœur désert ;
L'été s'enfuit, voici venir l'hiver,
Entends-tu déjà la faux qui moissonne ?

Je tresserai nos joies en couronnes
Pour en couronner notre bonheur mort
Qui dans la chambre funèbre où tout dort
Dresse un cercueil qu'aucune rose n'orne.

Et dans ton parc, près des fleurs effeuillées,
Nous, vieillards heureux de ne point mourir,
En nous jouant le jeu du souvenir,
Jouerons aux grâces avec les années.

]

C'est la douceur du crépuscule
Aux premiers soirs des jours d'été ;
A l'horizon décoloré
Les nuages sont comme des voiles de tulle.

Le même rêve abandonné
Chantonne un refrain nostalgique
Dans l'âme pleine de musique
Hantée des jours qui ne sont pas nés.

On se souvient de vieux baisers,
Et l'on regrette un peu l'aimée ;
Mais le souvenir de ce qui n'a pas été
Rend l'âme plus douce et réservée.

Ce n'est presque pas de la mélancolie ;
Cependant malgré toute raillerie,
Malgré l'orgueil d'être enfin fort,
On souhaiterait souffrir encore.

S'abandonner ! S'abandonner
A la fraîcheur du soir qui monte,
Puisque rien ne sera moissonné
Après les luttes qu'on affronte !

On se sent vieux d'avoir quitté
Toutes celles-là qui nous eussent aimé,
Et rien que pour une tâche folle...
Et les yeux vers les femmes passées
Dans la brume comme voilées
On espère un regard qui console.

Mais la nuit vient et puis l'on rentre,
Tout aussi las, tout aussi seul,
Et dans le vide de sa petite chambre
On fait des songes de linceul.

A quand la veille sous la lampe
Près de toi qui sommeillerais
Avec des rêves bleus d'attente,
Tandis qu'en ne travaillant plus j'écouterais
Tout près de moi battre ton cœur ?..
On voudrait tant un peu de bonheur !

## II

C'est la douleur des chansons mortes
Où soupire un air de tristesse
Que l'écho lourdement apporte
Vers nous et dont il nous caresse.

C'est la douceur des soirs lassés
Où sur la mer les voiles tombent
Sans brise même pour gonfler
Les voiles blanches qui tombent.

C'est la lenteur du vol des mouettes,
Coup d'aile encor pour arriver
Jusqu'à la côte où l'on s'arrête
De courses longues fatigué.

C'est la pâleur du ciel bleuté
Où les nuages blancs s'effilent,
Vagues archipels essaimés
Dans des horizons tranquilles.

Et c'est la peur des lendemains
Où le soleil va revenir,
Et la vie et ses actes vains...
Ton cœur est trop las pour mourir.

## III


C'est à nouveau le refrain des souvenirs
Montant d'on ne sait où vers on ne sait où non plus,
Voix lente et lourde de soupirs
Que l'écho porte et atténue.

L'oiseau parti n'est pas revenu
Siffler joyeux à la fenêtre
Et de son vol dans l'inconnu
Montrer l'ailleurs où l'on peut renaître.

Dans les ruines nous n'irons plus
Cueillir des roses entre les tombes ;
Nos cœurs sont las d'avoir battu
Vers des néants et vers des ombres.

Mais les passés de gloire splendide
Comme les mirages des firmaments
N'ont plus de prestige et ce n'est que le vide
Du vaste ennui dont on se défend.

Ah ! si la vie avait voulu...
Mais en moi-même j'entends encor
Tous les sanglots trop longtemps tus
Heurter leur chute en rythmes d'or.

Mon cœur est un parc d'autrefois
Plein des débris de mon bonheur ;
On y entend d'étranges voix
Chanter la tristesse des heures.

Des jets d'eau montent et retombent
En gouttes d'eau comme des pleurs ;
Sur des berceaux ou sur des tombes,
Que pleurent-ils et quels malheurs ?

La mousse recouvre les marbres
Dont les faces ne sourient plus ;
Le lierre cache sur les arbres
Les traces des serments élus.

Et là-bas le palais en ruine
Dresse sa splendeur désertée
Vers où quand même s'achemine
Un essaim d'ombres oubliées.

Oh ! la chute des feuilles mortes
Sur les vastes lacs immobiles ?...
Que n'est-il un flot qui m'emporte
Vers d'autres parcs et d'autres îles !

## V

Oh ! les sanglots
A la dérive...

Réel brutal
Qui nous avale
Dans sa bouche ivre...

Quels coups de fouets
Du sort mauvais
Parmi la vie !

Être un héros
Bravant très haut
L'horreur de vivre ?

Oh ! les sanglots
A la dérive...

# VI

Encor des larmes de malheur !
Ah ! ce dégoût d'attendre encor !
Encor des larmes et des douleurs !
Encor au cœur qui saigne et pleure !

Encor des rêves dans des barques d'or !
Ah ! ces espoirs sans nulle ardeur
Du fond de l'ombre où l'on s'endort
Loin des efforts et près de la mort !

Encor ! Encor ma pauvre sœur !
Ah ! quel silence au loin dehors !
Pas même d'écho consolateur !
Rien que le rythme berceur de l'heure.

Encor ! Encor ma lèvre t'implore !
Ah ! les caresses et leur douceur !
Nos deux petites âmes chercheuses d'aurore
S'effleurent, s'étreignent encor, encor...

## VII

La lune presque d'or
Dans le ciel clair encor
Arrondit sa corne.

O voyageur si las et morne
Brave le vent qui te flagorne
Et berce un peu ta pauvre vie.

Au loin regarde, tout s'endort;
Les voiles tendent vers le port...
Ce sera de la mélancolie.

Le sable est si doux sous l'étreinte
De celles-là qui sont sans plainte
Lorsque notre amour les oublie.

Et si fraîche et bonne est la nuit
Pour endormir sous la lune d'or
Le rêve que tu veux encor.

## VIII

Comme des barques sur la mer
Mes espérances sont allées
Vers des infinis d'outre-mer
Par delà les terres rêvées.

Comme des barques dans l'aurore
Matinales et pavoisées
Sur les vagues qu'un soleil dore,
Elles crurent aux traversées.

Comme des barques dans la nuit
Elles errèrent incertaines,
Regrettant déjà d'avoir fui
La rade pour des côtes vaines.

Comme des barques dans l'orage
Loin des refuges espérés,
Elles luttèrent de courage...
La plupart furent submergées.

Comme des barques dans le port,
Les quelques-unes retrouvées,
Craintives d'aller vers la mort,
Attendent, voiles repliées.

## IX

Au pont chancelant de la rivière
Des spectres pâles sont passés.
Regarde-les ! regarde-les !
La plaine est grise et c'est l'hiver.

Ils ont fixé l'onde et la nuit
En élevant leurs bras tendus,
Puis silencieux ils sont partis —
N'espère plus ! N'espère plus !

Ils s'en sont allés lentement
A travers l'étendue glacée
Comme vers un enterrement
Dont le catafalque serait caché !

Regarde-les ! Regarde-les !
La plaine est blanche à l'horizon ;
La neige tombe à gros flocons ;
Les spectres pâles sont pressés.

— Mais tout devint si blanc, si blanc
Qu'ils disparurent évanouis. —
Ne regarde plus, mon pauvre enfant,
Tes rêves perdus dans la nuit.

# X

Mes vieux amours comme en un bal
Tournent au rythme des violons
Et c'est au travers de la salle
Un refrain de vieilles chansons.

Ils tournent lents en couples pâles
Avec des airs désespérés,
Et leurs bouches sentimentales
Échangent des aveux glacés.

Les yeux regardent étonnés
D'anciens bouquets dans les corsages
De celles qui furent aimées
Pour leur sourire et pour leur âge.

Rien n'est donc plus de ta folie
O voyageur si morne et las ?
Neuve encore et belle est la vie
Et même si tu n'y crois pas.

Mais à quoi bon, puisque tout sombre !
Bien que d'autres veuillent danser,
J'aime mieux ne rien tenter,
Toute femme n'étant qu'une ombre. .

Mes vieux amours comme en un bal
Tournent au rythme des violons,
Et c'est au travers de la salle
Un refrain de vieilles chansons.

# XI

J'écoute en moi des chœurs de rêveuses
Glorifier l'au-delà promis
Que cherchent les nefs aventureuses
Errant sur le bleu des flots éblouis.

Oh ! leurs chansons vagues d'amoureuses
Vers celui-là qu'elles ont voulu
Et qu'elles implorent, chuchotteuses,
Dans l'ombre d'où nul n'est revenu !

J'écoute en moi des chœurs de tisseuses
Tisser le fil de tapisseries
Où vit un récit d'âmes heureuses
A travers les campagnes fleuries.

Oh ! ces chansons douces des fileuses
Qui sous l'ombrage des avenues
Se bercent de plaintes dorloteuses
En revivant les choses vécues !

J'écoute en moi des chœurs de pleureuses
Dire les tristesses trop connues
Qui dans les âmes trop langoureuses
Font souvenir des joies perdues.

Oh ! leurs chansons lentes et berceuses
Vers d'autres cieux et d'autres pays
Aux brumes de gazes vaporeuses
Créatrices de rêves inouïs !

J'écoute en moi les chœurs se taire,
Toutes ne sont plus que dormeuses,
Et dans les ombres ténébreuses
C'est mon cœur qui se désespère.

XII

A certains soirs de lassitude,
Toutes les douleurs de loin moins rudes
Chantent en nous d'une voix lointaine,
Et, par les prés de nos rêveries,
Toutes les anciennes joies flétries
Errent en ombres incertaines.

Comme quelquefois les mendiantes visiteuses
Qui frappent aux portes des villages
Et s'assoient tremblantes au foyer
Avec des contes d'un autre âge,
Elles frappent aux chambres silencieuses
Dont nous avions perdu les clefs.

Elles nous montrent des sites de nous-mêmes
Où nous n'avions jamais été ;
Leur tristesse est alors si douce qu'on l'aime
Et leurs larmes sur nos vœux lassés
Y sont des gouttes de rosée
Comme en un matin de campagne sur les prés.

Et puis c'est la nuit. Une à une elles disparaissent
Et leur départ lent en nous laisse
La volupté du regret et de la mélancolie.
Et puis le lendemain ce sont les mêmes luttes ;
On oublie les obstacles, on oublie les chutes ;
Et c'est l'abandon encore à la vie.

# XIII

Un peu de ma vie
Reste sur toutes les routes —
Ah ! que de déroutes
Le long de ma vie !


Un peu de mon sang
Saigne sur tous les chemins —
Ah ! que de chagrins
Malgré les printemps !


Un peu de mon cœur
Sanglote à toute halte, —
Qu'on dresse une tombe de basalte
Pour y enterrer mon bonheur !

## XIV

Dans le soir vaporeux
L'essaim des heures bleues
Tourne en formes d'ombre sous la ramée.

Le souvenir des voix aimées
Chuchotte à travers les feuilles
Des musiques vagues presque de deuil.

Où sont-elles toutes allées ?
Vers quelles aumônes de baisers
Pour l'apaisement de l'éternelle fièvre ?...

Mais les lèvres sur d'autres lèvres
Nous essayons d'autres heures bleues
Dans le soir encore vaporeux.

## XV

A travers la brume du soir
Le cortège des rêves morts
Emmène mon vieux désespoir.

La plaine sous la neige est blanche
Et les grands arbres comme morts
Dans les lointains dressent leurs branches.

L'heure est si douce qu'on oublie,
—Pourquoi pleurer ou rire encore ? —
Si c'est la mort ou bien la vie.

O voyageur plus vague et blême
Que cette brume où tu t'endors,
Si lassé même de toi-même,

Il est des cieux et d'autres soirs
A l'orient d'autres décors. —
Écoute, écoute ton espoir !

# XVI

La route est blanche dans la nuit
Sous la lune qui l'éclaire —
O pauvre âme d'où tout a fui,
Espère ! Espère !

La route est blanche dans la nuit
Teintée de vagues lueurs stellaires ; —
L'azur sera sans nuage aujourd'hui,
Espère ! Espère !

La route est blanche dans la nuit,
L'ombre s'est faite éphémère —
O pauvre âme qui pleure et rit,
Espère ! Espère !

# XVII

O bonne nuit,
O bonne lune,
Toutes deux sur mon infortune
Faites tomber le bon oubli !

Je suis le pauvre du logis
Que dans mon cœur l'amour bâtit.

J'ai vu danser toutes les danses
De toutes celles qu'on encense.

J'ai roulé dans de nombreux bouges,
Et défait bien des robes rouges.

J'ai payé sur des tas de comptoirs
Les vins que je venais de boire.

Et j'ai teté tous les cigares !
Et j'ai couru toutes les gares !

Mais bien que j'aie peur qu'on sourie,
Bien que je doive être réjoui,

Je suis le pauvre du logis
Que dans mon cœur l'amour bâtit.

O bonne nuit,
O bonne lune,
Toutes deux sur mon infortune
Faites tomber le bon oubli.

# XVIII

Le long des routes du hasard
Que de destins se sont liés !
Que de passants morts d'avoir aimé !
Que de passants las d'être venus trop tard !

Les uns ont ri, les autres ont chanté,
Mais tous sont partis mêmement ;
Le mensonge succède au serment,
L'avenir efface le passé.

Que de caresses, que de tendresses
Partout où mon cœur a glané !
Et malgré son vœu de ne pas pleurer,
Pour quelques joies, que de tristesses !

De tout cela rien n'est resté,
Et le souvenir n'est qu'un crépuscule ;
Les châteaux d'or que le soir annule
Croulent à l'horizon refoulé.

Cependant sous cette nuit qui tombe
Je revois les fantômes d'oubliées,
Et, surpris près de tant qui furent aimées,
J'écoute leurs voix là-bas, dans l'ombre.

Sont-elles mortes de volupté
Dans leurs printemps insoucieux,
Ou promènent-elles des souvenirs vieux
A travers des misères fardées ?...

Le long des routes où ils venaient trop tard,
Que de rêves j'aurai bercés,
Morts d'avoir été trop cherchés
Dans des étreintes de hasard !

# XIX

Les jours sont longs, mais l'heure est brève.
De tous les destins qu'on achève
En est-il un qui soit bien nôtre ?
Tout notre espoir en vain se lève,
La houle n'est plus qui nous enlève
Vers l'autre monde où vivre apôtre...

Qu'as-tu fait, qu'as-tu fait de ton rêve ?

Des vieux amours nul n'est sans blâme,
Et nous avons souri aux femmes
Alors que nous voulions pleurer ;
Rien n'a vécu de l'épithalame,
Et nous sommes restés sans dictame
Avec nos fleurs toutes effeuillées...

Qu'as-tu fait, qu'as-tu fait de ton âme ?

Dans l'ombre douce de la nuit
C'est la fuite des jours enfuis
Vers quelle autre ombre ou quelle lumière ?
Le même deuil les ensevelit ;
Ils sont morts d'être sous un ciel gris
Loin des extases printanières...

Qu'as-tu fait, qu'as-tu fait de ta vie ?

XX

La faux vole dans la plaine ;
Souvenons-nous de l'autrefois ;
Les voix sont devenues si lointaines
Que rien ne s'entend au fond du bois.

Souvenons-nous de l'autrefois ;
Les bouches d'antan sont sans haleines ;
Les blés coupés ne repousseront pas ;
Nous serons seuls avec nos peines.

La faux vole et fauche dans la plaine ;
Faut-il écouter l'autrefois ?
Ce qui n'est plus est chose vaine,
Le regret masque d'autres joies.

La nuit tombe souveraine ;
Que l'oubli tombe en nos cœurs las !
Souvenons-nous de l'autrefois,
Mais que nos âmes demeurent sereines.

# XXI

C'est le silence et c'est la lune...
Une angoisse flotte, on ne sait d'où,
Des nuages viennent on ne sait d'où,
Des gouttes d'eau tombent une à une
D'ici, de là, de n'importe où...
C'est le silence et c'est la lune.

Pleut-il ainsi des pleurs partout ?
Le vent frissonne bien lentement
Et chuchotte des choses étranges ;
Est-ce mon passé qui pleure dans le vent
Sous le regard des mauvais anges ?

Comme il est pâle le sable des dunes !
Comme ils sont loin les phares des côtes !
Comme la mer est forte et haute !

Pleurs oubliés et voix étranges
Dans le silence et sous la lune.

# XXII

Comme elle est lente l'heure qui sonne
Au vieux cartel de mon logis,
L'heure qui passe et qui résonne
En un glas triste de minuit !

Comme le vent pleure et frissonne
Promenant mon âme avec lui
Aux champs où ne va plus personne,
Où agonise le dernier bruit !

Comme elle tremble l'âme et s'étonne
D'être emportée si loin d'ici,
Ne sentant plus qu'elle était morne
Et quelquefois joyeuse aussi !

L'heure est passée, l'heure qui sonne
Au vieux cartel de mon logis.

# XXIII

Sous la lampe j'ai pleuré ;
Combien de nuits ? — Je ne sais plus ;
Las des livres, sur le papier,
Avec mon cœur, oh ! j'ai pleuré
Tant et tant que je ne sais plus.

Toutes les larmes écoulées
Sur les fleurs perdues ou fanées
Et les espoirs qui ne viennent plus
Avec leurs rires et leurs gaietés,
Sur les espoirs qui se sont tus,
Oiseaux bleus qui furent tués

A coups de flèches sous la ramée
Par les passants durs et bourrus
Dont la course méchante est passée
Et ne reviendra plus
Tirer des flèches sur mes pensées...

Sous la lampe, j'ai pleuré ;
Combien de nuits ? — Je ne sais plus.

## XXIV

Passage le long des routes
De faces de joie ou de tristesse ;
Robes claires en déroute,
Robes sombres que rien ne presse.

Les unes sourient, les autres pleurent ;
Quelques-unes parlent des lendemains ;
Celle qui danse montre mon cœur
Passer dans l'une et l'autre main.

« Ote mon voile », me dit-elle ;
La lune éclaire des cheveux blancs.
« Ne t'attarde pas, je ne suis plus belle,
Tu viens trop tard, il n'est plus temps. »

Ah ! que de lèvres chuchotteuses
Tout autour de mon destin,
Lèvres flétries et doulòureuses
Où le malheur a mis la main.

# XXV

A Jacques E. Blanche.

Vers le bord de l'étang où miroite la lune,
Toutes trois elles s'en sont allées,
Ombres très lasses, une à une,
Tristes de leurs désirs, tristes de leurs pensées.

Leur course est lente et vaguement ondule
Dans la blancheur des robes plissées,
Ombres légères sous la lune
Des bonheurs enfuis, des bonheurs rêvés.

Leur face est pâle, elles ont pleuré !
Et les voici réunies une à une,
Amours enfuis, amours rêvés —

La nuit est bleue, elles sont passées !

Mais dans mon âme pleine de passé
Où vit encore ce qui n'est plus,
Leurs ombres blanches jettent la pureté
Des premiers rêves non disparus —

La nuit est bleue, elles sont restées !

# XXVI

Ce sont les ombres
Le long du flux.
La nuit est sombre,
Écoutes-tu ?

Écoutes-tu
Les cris sans nombre
De ceux qui sombrent
Sous le reflux ?

Ce sont les phares
Dans la brume.
Qui donc si tard
Monte et allume ?

Hélas ! Le flot
Porte un débris.
Holà ! Là-haut,
Vers qui ces cris ?

Vers qui ces cris
Sans nul écho ?
Où la vigie
Qu'on dit là-haut ?

Ce sont les ombres
Le long du flux.
La nuit est sombre,
N'écoute plus.

# XXVII

Et toi, bienfaitrice des oubliés,
Qui luis toujours par nos fenêtres
Avec ton calme nous tenter,
Ou nous railler, peut-être,

Bonne déesse des affligés
Qui sais verser des songes aux fenêtres,
Vaguement venus sur tes clartés,
Vrais ou faux, vrais, peut-être,

Vieille Tanit des temps passés,
Passe toujours par nos fenêtres,
Emporte-nous comme exilés
Rêveurs ou non, morts, peut-être,

O chère amante des oubliés !

## XXVIII


Les rêves oubliés, là-bas,
Dans les pays d'où l'on ne revient pas
Jettent leur ombre encore ici,
Mais l'ombre est trop noire de la nuit
Pour qu'on les aperçoive encore...
Il n'est plus rien sous la lune d'or.

Les femmes aimées jadis,
Vaines ombres mortes aujourd'hui.
Reviennent murmurer leurs caresses,
Mais le temps est trop loin maintenant
Où nous nous nommions leurs amants...
Nous avons épuisé nos tendresses.

Les orgueils casqués d'ailes au vent
Ont reployé leur envergure ;
Ils sont morts de la vieille aventure
Qui sut vaincre leurs airs arrogants ;
Ils sont morts d'avoir été trop forts...
Il n'est plus rien sous la lune d'or.

## XXIX

Nous avons trop pleuré sur la misère humaine,
Et nous ne savons plus aimer l'heure qui fuit ;
Nos rêves sont partis sur des mers trop lointaines,
Et nous ne savons plus les suivre dans la nuit.

Nos cœurs ont trop battu vers une ombre infidèle,
Et nous ne savons plus aimer comme il faudrait ;
Le ciel vers où jadis vibra notre coup d'aile
Demeure inaccessible à nos mains à jamais.

Nos vœux ont trop voulu ce dont ils devaient rire,
Et nous n'avons pas su rester au-dessus d'eux
Dans la sérénité que nous devions élire
Pour tenter comme autrui quelque essai d'être heureux.

Nous avons trop aimé la tristesse et nos pleurs,
Et nous ne savons plus que la mélancolie ;
Le regret est trop doux qui chante nos malheurs,
Et nous ne savons plus vivre selon la vie.

XXX

Dans les forêts abandonnées,
Le long des routes désertées,
J'écoute les voix de l'automne
Chanter des airs lourds de sanglots
Qui dans le lointain monotone
Éveillent les anciens échos.

La brise, à travers l'air atone
Et les feuilles qu'elle moissonne
En tas jetées près des portes,
Mêle aux sanglots ses plaintes lentes
Selon le hasard qui l'apporte
Les murmurer au gré des sentes.

Oh ! les soupirs des choses mortes
Où la vie traîne l'escorte
De tous les restes d'autrefois
Qu'enguirlande le souvenir
De l'heure heureuse où sous ton toit
Nous ne vivions qu'en un sourire !

Et c'est ton image de joie
Si bonne encor à mon cœur froid
Qui, paresseux sans un souhait,
Loin des rayons du vieux soleil,
Cherche à perdre tout son regret
Dans le néant d'un vain sommeil.

*CHANSONS LE LONG DE LA ROUTE*

LÉGENDE


Ils s'étaient aimés tous les deux
Sans croire leur amour sincère
Parce qu'ils le voulaient trop bleu.


Un soir d'automne, ils se quittèrent
Avec des sanglots longs d'adieu. —
La vie est pleine de misère.


Vers d'autres routes tous les deux
Pour s'oublier ils s'en allèrent. —
Ce fut toujours le même vœu.


Après l'automne, un soir d'hiver,
Ils eurent de nouveaux aveux,
Et leurs promesses recommencèrent.


Hélas ! il la crut mensongère,
Et elle le crut oublieux. —
Tout ici-bas est éphémère.

Alors un soir où tous les deux
Étaient allés jusqu'à la mer,
Elle s'offrit à l'onde bleue.

Depuis, près des rocs caverneux,
On entend passer des prières
Dans le vent des soirs orageux.

L'OFFRANDE

Veux-tu mon cœur pour tes mains douces ?
Je veux des repos sur les mousses
Au fond des bois de solitude.
Je suis lassé de ma tristesse ;
La vie est courte, la vie est rude,
Enveloppe ma tête dans tes tresses.

— Je ne connais plus les vieilles tendresses ;
La vie a pris mon pauvre cœur
Un soir que j'avais eu trop de pleurs.

Veux-tu l'amour que tu ne sais plus ?
Je sais la prière éperdue
Qui peut te rendre ta jeunesse ;
Le printemps mort n'est qu'en allé,
Nous aurons de divines paresses
Sous les clairs de lune étoilés.

— A quoi bon vouloir le passé ?
Parle plus vite et comprends-moi :
Je ne suis pas celle d'autrefois.

— 99 —

Veux-tu des bagues, des bracelets ?
J'ai des coffres dans mon palais
Pleins de perles et de colliers,
J'ai des étoffes lourdes de joyaux ;
Marchande d'amour sans pitié,
Ne pleurons pas de vains tombeaux.


— Pourquoi n'avoir parlé plus tôt ?
Je ne comprends pas les mots d'amant,
Le mien est mort il y a trop longtemps.


Roule l'amour mort dans ton manteau !
Loin de l'abri de mon château
Où son image seule est restée,
Elle ausssi, loin, s'en est allée...
Sois-moi comme elle : avec ton corps, avec la nuit
Ce sera peut-être un peu d'oubli.

RONDE


Les feuilles nouvelles dans la brise
Tremblent aux branches rafraîchies,
Les oiseaux chantent dans les prairies —
Ils se sont vus, ils se sont ri ;
Leurs voix ont vibré dans la brise.

La fuite des tristesses anciennes
Dit son adieu dans leur antienne.

Le soir est doux, l'heure rêveuse ;
La lune glisse un rayon doux
Dans la chambre du rendez-vous —
Des baisers suivent un froufrou ;
L'amour étend les heures rêveuses.

Tout le printemps les a bercés,
Tout le printemps et tout l'été.

Les feuilles mortes dans le vent
Tombent des branches dénudées
Dans la forêt abandonnée —
Ils se sont bien longtemps aimés,
Mais leurs voix pleurent dans le vent.

Tout est fané, n'est-ce pas l'automne ?
Tout décor s'est fait monotone.

L'aurore filtre une lueur grise
Dans l'ombre vague de la nuit
D'où toute étoile est évanouie —
Leur amour las les a conduits
Sur une route longue et grise.

Et d'une voix lasse d'aveux
Où sanglotaient des sanglots vieux,
Tous deux ils se sont dit adieu.

Le soleil luit dans le matin,
Le ciel est pur comme d'être heureux,
Immensément, si bleu, si bleu —
C'est l'heure d'autres amoureux
Qui s'aiment encor dans le matin.

Je m'en suis venu trop fort et vrai
Vers vos villes de fumées,
Sans comprendre les mois de mai
De vos passions fades et sucrées.

Vous m'avez dit que j'étais niais,
Mais j'ai ri de vos billevesées ;
Je sais les sources qui ne tarissent jamais
Et les tempêtes dans les nuées.

Sur d'autres chairs aux langueurs brunes
J'ai connu l'étreinte des grands bras,
Et vos amours de clair de lune
Feraient rire les yeux qui me pleurent là-bas.

Oh ! les brouillards au-dessus des gares !
Fuir emporté sur des rails de feu
Vers les soleils des mers barbares
Dans mon pays tout or et bleu !

O mon pays ! O mon pays !
Dormir encore sous tes palmiers...
Mais le disque croule et c'est la nuit !
O vous les serviteurs d'ici
Qui m'insultez quand je suis ivre,
Versez l'eau verte qui délivre.

## LA CHANSON DES FLEURS, DES CLEFS
## ET DE LA LAMPE

### I


Voici la fée aux trois fleurs d'or !
Elle les porte dans le soir
Et sur la lande va s'asseoir.


« O donne à mon rêve tes belles fleurs ! »
L'enfant qui passe veut les avoir
Pour les planter dans son cœur noir.


Elle les cache sous son voile ;
L'enfant regarde les étoiles.


« O belle Dame, vois comme je pleure ! »
Les rocs sont hauts et la mer profonde,
Des vaisseaux sombrent sur les ondes.


Elle s'envole belle et pâle ;
Des sons de harpe au loin s'exhalent.

L'enfant tend les bras et l'appelle encore,
Malgré l'abîme et le gouffre noir.
Le ciel est troué d'étoiles encore...
Il est tombé sans le savoir.


Voici la fée aux trois fleurs d'or !
Elle les porte dans le soir.
La mer est forte et la nuit noire.


## II


Voici la fée aux deux clefs d'or !
Elle les porte dans le soir
Et vers les portes va s'asseoir.

« O donne à mes mains toutes tes clefs ! »
L'homme qui passe veut les avoir
Pour voir malgré les portes noires.

Elle les cache sous son voile;
L'homme regarde les étoiles.

« Femme au voile bleu, vois comme j'attends! »
La porte est haute et le fer épais,
Tous les béliers se briseraient.

Elle s'envole lente et lente ;
Des voix au loin chantent et chantent.

L'homme tire son glaive et l'appelle encore ;
Mais le fer est vain sur les portes noires ;
Elles s'éclairent d'un reflet encore...
Il s'est tué sans le savoir.

Voici la fée aux deux clefs d'or !
Elle les porte dans le soir.
La porte est haute et la nuit noire.


### III


Voici la fée à la lampe d'or !
Elle la porte dans le soir
Et près des grottes va s'asseoir.

« O donne à mon doute ta belle lampe ! »
Le vieillard qui passe veut l'avoir
Pour éclairer les routes noires.

Elle la cache sous son voile ;
Le vieillard cherche les étoiles.

« Fée de la nuit, vois comme je pleure ! »
La route est sombre, l'ombre profonde ;
Il n'est plus de feux sur les ondes.

Elle s'envole belle et pâle ;
Des voix s'éteignent dans des râles.

Le vieillard tombe mais l'appelle encore
Du fond de l'ombre aux cavernes noires.
Le ciel a perdu tout reflet encore...
La faux a fauché sans savoir.

Voici la fée à la lampe d'or !
Elle la porte dans le soir.
L'abîme est calme et la nuit noire.

## LA CHANSON DE LA FÉE


Les fils d'or de ma chevelure
Sont faits des rayons du soleil
Et les crépuscules vermeils
Ont teint l'acier de mon armure.


Le sang des roses écrasées
Vit sur mes lèvres irréelles
Et les ténèbres dans mes prunelles
Ont mis leurs profondeurs voilées.


Ma chair sort de l'onde marine
Qui se moire au soleil couchant
D'un reflet chaud et chatoyant
De pourpre rose sous l'hermine.


Et c'est l'âme des vieilles lunes
Que je porte sur mes bras pâles,
Dans l'eau morte de mes opales,
Perles de la lune, une à une.

Passant, pourquoi vouloir m'aimer ?
Entends-tu des pas lourds de deuil ?
L'azur s'éclipse à mon baiser...
Mais tu prépares ton cercueil.

LES NOYÉS


Au cours d'un fleuve à l'eau trop bleue,
Parmi la flottaison des algues brunes,
Plus blêmes sous l'argent froid de la lune
Qui leur tisse un linceul de feu,

Les yeux ouverts vagues comme l'onde
Dont la caresse clapoteuse
Semble leur chanter l'autre monde
Où s'envole l'âme ténébreuse,

Ils passent l'air calme et heureux,
Frères unis par divers destins,
Qu'un même désir d'astres lointains
Aux ors vulgaires fit dire adieu.

Ont-ils déjà vu d'autres rayons
Filtrer dans l'ombre mystérieuse
Dont près de nous leurs chansons
Disaient la splendeur lumineuse ?

Débarrassés des songes creux,
Ils passent et gagnent les lagunes
Où, sans plus souci de leur fortune,
Ils disparaissent peu à peu.

RETOUR

A l'ombre du bord du chemin,
Tous deux rêveurs, main dans la main,
Ils rêvaient d'un pays lointain.

Ils s'aimaient depuis bien longtemps
Et ils s'aimaient encor pourtant. —
On ne peut aimer tout le temps.

Un chevalier vint à passer.
Il était pâle et cuirassé ;
Il était pâle et fatigué.

« Je l'aime plus que toi, dit-elle ;
Il me restera plus fidèle.
— Beau passant, me trouves-tu belle ? »

Sans amour, il l'aima de suite ;
L'amant ne troubla pas leur fuite,
Tandis qu'ils s'en allaient bien vite.

Ils ne s'aimèrent pas longtemps.
Elle rêva d'autres passants
Et mit ailleurs son cœur souffrant.

Elle eut les mêmes mots d'enfant,
Mêmes vœux et mêmes serments,
Mais nul ne resta son amant.

Et elle en aima tant et tant
Qu'un soir, en songeant à l'absent,
Elle pleura son premier temps.

Lui seul l'avait aimée vraiment.
Mais lui l'aimait-il maintenant ?
L'année n'a qu'un seul printemps.

Elle reprit tout en pleurant
La route triste de l'antan. —
Les gens riaient en la voyant.

Au fond du parc abandonné,
Dans un cadre de peupliers,
La maison blanche était fermée.

Après être, lasse, restée
S'asseoir au bord de quelque allée,
Elle frappa sans espérer.

Le coup sonna profondément.
Quelqu'un vint ouvrir, chancelant,
Pâle avec de longs cheveux blancs.

« Nous nous sommes aimés longtemps... »
Il la prit dans ses bras tremblants :
« Moi je suis resté ton amant. »

Leur tombe est au bout du chemin.
Ils y dorment main dans la main,
L'âme, peut-être, au ciel lointain.

CHANSON DU PAGE


En quel pays trouver les fleurs
Que je voudrais pour ta tête chère ?

Veux-tu les fleurs de mes douleurs ?
Elles sont violettes, noires et grises ;
Elles sont nées sur de vieilles terres
Où jamais n'est venue souffler la brise,
Mais elles seront bonnes à ton cœur,
Et leurs parfums sont doux le soir.

Veux-tu les fleurs de mes espoirs ?
Elles sont vertes, rouges et bleues ;
Leurs tiges s'élèvent droites dans l'air
Comme pour monter jusqu'aux cieux ;
Elles ombrageront nos désespoirs
Et couronneront nos deux paresses.

Veux-tu les fleurs de mes tendresses ?
Elles ont refleuri toutes pour toi ;
Mais prends garde ! Elles sont éphémères
Et elles se faneraient sous ta loi
Si tu te montrais sans caresses ;
Il faut m'aimer bien plus d'un jour !

Veux-tu les fleurs de mon amour ?
Elles ont des couleurs d'arc-en-ciel
Qui feront douce ta moue trop fière,
Leurs pétales sont irréelles,
Elles resteront écloses toujours.
Mais sont-elles assez belles pour notre bonheur?

En quel pays trouver les fleurs
Que je voudrais pour ta tête chère ?

Le soir était d'oubli sur nos deux destinées...
Tu penchais au balcon la grâce surannée
De ton profil lointain comme sur une estampe ;
La lune était d'argent sur la mer reflétée ;
Nous avions voilé l'éclat trop dur des lampes...

Le soir était d'espoir sur nos deux destinées...
Tu rêvais, presque heureuse, être près de l'année
Où la terre enfin belle accueillerait tes vœux ;
L'air était tiède et lourd d'odeurs de fleurs fanées ;
Nous rêvions la vie en un paradis bleu...

Le soir était d'amour sur nos deux destinées...
Ta tête se faisait plus douce à mes pensées,
Et la mienne, rêveuse, appelait ta tendresse ;
Au large de la nuit, c'étaient des voix voilées ;
Nous vécûmes l'amour des divines caresses...

Le soir était d'adieu sur nos deux destinées...
Tu t'en allas pensive et comme chagrinée
Et je ne connus plus ta pâleur effacée ;
La brise se leva sur l'aurore lassée...
Le soir était d'oubli sur nos deux destinées...

Chansons vagues le long des rues
Chantées par de vagues chanteurs blêmes
Qui soupirent jusqu'aux sixièmes
Où des jeunes filles rêvent qu'on les aime.

Chansons vagues des caboulots
Où les mêmes refrains idiots
Endorment ceux qui ne veulent pas dormir tôt
Parce qu'ils rêvent de femmes nues.

Chansons vagues de l'autrefois
Retenues au hasard des rêveries,
Comme les voix du passé flétri
Qui revient peser sur notre vie.

Chansons vagues de l'aujourd'hui
Où toute notre misère crie,
Où l'on pleure quand on rit,
Où l'on se cherche quelque loi.

Toutes lointaines quelquefois,
Elles reviennent vers mon ennui
Comme des cloches dans la nuit,
Comme du vent dans les grands bois.

On jette son cœur à tous les vents
— Autant en emporte le vent ! —
On jette son cœur à toutes les lèvres...
On le retrouve tout sanglant
Et l'on maudit les heures brèves.

On veut aimer encor pourtant,
Malgré l'espoir qui s'est fait las
De n'avoir battu que des glas...
— Autant en emporte le vent ! —
On ne sait plus que des hélas !

Et puis un jour enfin l'on veut
Soit rire soit pleurer un peu.
Mais l'on est dans les mains du temps :
De trop jeune on s'est fait trop vieux...
— Autant en emporte le vent ! —

La vie vient frapper à ta porte,
Ouvriras-tu, vieux songe creux ?
Laisse pleurer ton âme morte
Dans son pays tendu de bleu.

Accueille la joie qu'on t'apporte
Même mensongère à tes yeux ;
Les vœux sont tués que ton rêve escorte
Dans les décors dont nulle ne veut.

Ici-bas pourquoi tant de larmes ?
N'est-il pas temps d'être homme enfin ?
Les amours tristes que tu blâmes
Te laissent calme et sans chagrin.

L'oubli vit sur la bouche des femmes,
Et que t'importe un songe vain ?
Il est d'autres routes en ton âme
Que celles dont tu t'entretiens.

Demeure sans pleurs, cris, ni sourires
Devant l'arrêt de ton destin ;
Quitte l'étreinte de ton souvenir
Pour t'en aller vers les matins.

Que la beauté puisse te suffire
A rester fort, doux et serein ;
Salueur t'empêchera de souffrir —
Drape ta douleur dans ton dédain.

Mon cœur était fait pour aimer,
Je l'ai offert, on l'a laissé...
La fleur qu'on cueille reste fanée.

Ma bouche était faite pour rire,
Mais maintenant elle est crispée...
Trop de deuil couvre mon souvenir.

Mes yeux voulaient pleurer de joie,
Toutes mes larmes sont versées...
Rien ne demeure de l'autrefois.

Ah ! ma tendresse, la donner !
Je l'ai offerte, on l'a laissée...
Le vent froid émonde la feuillée.

Mon cœur aurait souhaité s'ouvrir,
Une l'ouvrit et s'est penchée...
Hélas ! Elle ne sut que rire.

Mon cœur était fait pour souffrir,
Mais maintenant je l'ai fermé
Et dans la mer j'ai jeté sa clef.

L'ombre s'est faite claire. Au loin des vols s'espacent.
Et c'est presque l'aurore, et la nuit comme lasse
D'avoir été si longue à couvrir mon destin
Recule lentement vers l'au-delà lointain
Où son mystère couvre un autre continent.
Délivré des regrets et calme maintenant
Devant le décor bleu qui s'éclaire et s'allume,
Resté victorieux du charme de la brume,
Debout près de la mer nouvelle où je me songe
De voir partir un jour tenter un nouveau songe,
Je regarde la chute éparse des étoiles
Dont les rayons tissaient les fils dorés du voile
Où j'espérais ta face, amante trop aimée ;
Et j'aperçois là-bas sur la mer éclairée
Vers le soleil surgi par delà les nuages,
Dédaigneux aujourd'hui des temps et des orages,
Monter majestueux et beau de son essor
L'antique oiseau divin dont j'avais dit la mort,
Et je sens dans mon âme au fond de mon ennui
Quelque chose qui bat de l'aile et qui frémit
Et qui semble frôler vers la terre ou partir
Les cordes en appel d'une lointaine lyre

*TABLE*